Chiquisaurios

Seis cuentos

Texto: Katiuscia Giusti

Traducción: George Gubbins Vásquez

Ilustraciones: Agnès Lemaire. Color: Doug Calder

Título original: Dino Tales

ISBN-13 de la edición original: 978-3-03730-213-2

ISBN-13 de la versión en castellano: 978-3-03730-301-6

es.auroraproduction.com

El estropicio de Patricio

El abuelo Diego oyó un grito de enojo proveniente del cuarto de Tristán. Subió rápidamente al piso de arriba y, al abrir la puerta de la habitación, lo encontró con los ojos llorosos. El chico tenía en las manos su coche de bomberos favorito. La escalera del vehículo estaba rota.

–Tomás me lo rompió –dijo Tristán entre sollozos–. Lo pisó.

–No lo vi –dijo el otro niño apenado.

–¡Pero lo rompiste! –insistió Tristán.

–Lo siento –se excusó Tomás–. A lo mejor se puede arreglar.

Tomás se sentía mal por haber roto la escalera. No lo había hecho a propósito.

–Déjame ver si se puede reparar –propuso el abuelo Diego.

–¡No quiero que Tomás vuelva a tocar mis juguetes! –exclamó su nieto.

–Vamos, Tristán, hay que saber perdonar –le recordó el abuelo–. Tomás dice que lo siente, y lo hizo sin querer.

Tristán se quedó contemplando su coche. Luego miró a su primo. Le costaba perdonarlo.

–¿Les he contado alguna vez lo que le pasó al dinosaurio Patricio? –preguntó el abuelo.

—No —respondió Tristán—. ¿A él también se le rompió su coche de bomberos?

—No fue exactamente eso —explicó su abuelo—, pero un día cometió un error que entristeció a su hermana. ¿Qué tal si llevamos tu camión de bomberos abajo, al garaje, y mientras procuro arreglarlo les cuento lo que le sucedió a Patricio?

Había llovido muchos días seguidos, durante los cuales Patricio se había quedado en la guarida de su familia, planeando todos los juegos que podría hacer con sus compañeros al aire libre cuando parara la lluvia.

Cuando por fin salió el sol, fue corriendo a buscar a sus mejores amigos, Yago y Pompita, para invitarlos a jugar con él.

—¡Yago! —llamó—. ¡Pompita! ¿Dónde están?

Yago asomó la cabeza por la entrada de su guarida.

—Aquí. ¿Qué haces?

—¿Quieres que vayamos a jugar con Pompita? —le preguntó Patricio—. Tengo ganas de correr y pasarlo bien.

—Yo también —dijo Yago—. Vayamos a buscarla.

Se dirigieron entonces hacia la guarida de Pompita para ver si quería jugar con ellos. Como ella también estaba ansiosa de hacer algo divertido, los tres se encaminaron hacia un bosque cercano. Decidieron jugar a capturar la bandera, pero con una sola bandera: uno de ellos la escondería y montaría guardia mientras los otros dos intentaban apoderarse de ella.

Empezaron con Yago como defensor de la bandera. Pompita y Patricio tenían que procurar robársela.

—Uno... dos... tres... cuatro... —comenzaron la cuenta Patricio y Pompita.

Yago se fue corriendo con la bandera para esconderla y la colocó cuidadosamente dentro de un gran tronco hueco.

—...cuarenta y nueve... ¡cincuenta! —anunció Patricio—. ¡Vamos a quitarte la bandera!

—Si yo los atrapo primero, no —replicó Yago.

Patricio buscó debajo de algunos arbustos y detrás de unas piedras grandes, pero no encontró nada.

De pronto oyó un chillido juguetón de Pompita. Había

descubierto la bandera, pero Yago la había visto antes de que se hiciera con ella y se había puesto a perseguirla.

«Esta es mi oportunidad», pensó Patricio. Se dirigió a toda prisa hacia el tronco hueco y allí encontró la bandera.

—¡Ajá! —exclamó al agarrarla—. ¡La tengo!

Enseguida echó a correr hacia su base con la bandera; pero Yago era rápido e iba pisándole los talones.

Patricio decidió salir del bosque y meterse en un campo grande.

—¡Ja, ja! —se reía—. ¡No me puedes agarrar!

—¡Para, Patricio! —oyó que le gritaban.

Demasiado tarde. Patricio había pisoteado el jardín de flores de su hermana Dina. Como iba corriendo, no lo había visto. Muchas flores habían quedado aplastadas.

—¡Ay, ay, ay! —dijo Yago meneando la cabeza al ver el destrozo.

Pompita salió corriendo del bosque para averiguar qué había ocurrido.

—¡Patricio, mira lo que hiciste! —se quejó Dina.

Estaba enojada porque había dedicado largas horas a cuidar con esmero de su jardincito.

Patricio, que le había arruinado las flores sin querer, no sabía qué hacer ni qué decir. Entonces notó que faltaba el cerco que solía haber alrededor del jardín.

–¿Dónde está el cerco? –preguntó–. Si no lo hubieras quitado, no te habría pisado las flores.

Aquello molestó aún más a su hermana. Nombró enfadada las distintas flores que Patricio había estropeado y mencionó cuánto tiempo habían tardado en crecer. Patricio repuso que era todo culpa de ella por no tener el cerco.

–¡Un momento! ¡Un momento! –exclamó Yago–. No está bien que se griten. Tiene que haber una forma de resolver esto.

Dina se secó las lágrimas.

–Con tanta lluvia se formó mucho barro, y el cerco se cayó –les explicó–. Por eso no está.

–Lo siento mucho –se disculpó su hermano–. Debí haber mirado por dónde pasaba.

–Bueno, a ver qué podemos hacer para ayudar a Dina a arreglar su jardín –intervino Pompita.

–¿Qué propones? –le preguntó Dina–. Estas flores están echadas a perder.

10

—Te podemos ayudar a colocar nuevamente el cerco para que esto no se repita —sugirió Yago.

—Y a atar palitos a las flores que están caídas para que se enderecen —añadió Patricio.

—No resultará —respondió su hermana con tristeza—. Tendré que arrancarlas y plantar otras. ¡Sigo enojada contigo, Patricio!

—Sé que estás enfadada —dijo Pompita—, pero Patricio lo hizo sin querer y lo siente mucho. ¿Por qué no lo perdonas? Entre todos podemos procurar arreglarlo. Seguro que se pueden rescatar algunas flores.

—De acuerdo —cedió Dina—. Perdóname por haberme enojado tanto contigo, Patricio. Te perdono. Me parece bien que me ayudes a arreglar mi jardín.

Patricio le sonrió.

—Gracias por perdonarme, Dina. Sé que cuidas muy bien de tus flores y siento haberlas estropeado. Puedo empezar por colocar de vuelta el cerco, si quieres.

—Gracias —respondió su hermana—. Estupendo. Creo que algunas flores se recuperarán si les damos cuidados especiales.

Patricio fue a buscar las herramientas que necesitaba para ayudar a Dina. Pompita y Yago también se ofrecieron a dar una mano. Al poco rato, el jardín de Dina lucía otra vez hermoso. Patricio preparó un bonito letrero que colocó en el cerco y que decía: «Cuidado: Jardín de flores». También le trajo a su hermana algunos bulbos y semillas para que los plantara. ¡Dina estaba encantada!

—Tomás, te perdono por haber roto sin querer mi coche de bomberos —dijo Tristán—. Discúlpame, por favor, por haberme enojado contigo. Si hubiera colocado el camión en el estante en vez de dejarlo en el suelo, no habría pasado.

—Yo siento haberlo roto. La próxima vez procuraré tener más cuidado —contestó su primo—. Si quieres, te presto el mío mientras te arreglan el tuyo.

—Gracias, Tomás. ¡Qué buena idea!

—Bueno, chicos —anunció el abuelo Diego—, creo que este coche de bomberos va a quedar bien. Una vez que se seque el pegamento, se verá casi como nuevo.

—¡Muchísimas gracias, abuelito! —exclamó Tristán—. ¡Qué bien se ve!

Moraleja:

Todos agradecemos que nos perdonen nuestros descuidos. Perdonar es amar.

Conrado el descuidado

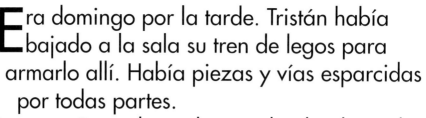

Era domingo por la tarde. Tristán había bajado a la sala su tren de legos para armarlo allí. Había piezas y vías esparcidas por todas partes.

—¡Caramba! —dijo su abuelo al ver el desorden.

Y entrando de puntillas para no pisar las piezas añadió:

—Te estaba buscando arriba.

—Vine a jugar aquí —explicó su nieto— porque no había sitio en mi habitación.

—No me extraña —contestó el abuelo—. ¡Tu cuarto está tan revuelto que casi no pude abrir la puerta!

—Mami lo arreglará más tarde —señaló el pequeño—. Creo que le gusta hacerlo.

—La verdad, Tristán, es que a veces le das bastante trabajo a tu mamá porque tiene que recoger cantidad de cosas que dejas tiradas —aclaró el abuelo—. ¿Sabías que cuando un niño aprende a guardar sus cosas y se vuelve responsable es señal de que se está haciendo grande?

Tristán lo negó con la cabeza y suspiró.

—No me gusta ordenar. ¡Toma mucho tiempo!

—Por eso tienes que aprender a recoger sobre la marcha,

antes de que tu habitación llegue a estar tan revuelta. Así luego no te dará tanto trabajo y no te demorarás tanto para hacerlo.

—Abuelito, ¿y por qué hay que ordenar? —preguntó su nieto.

—Muy buena pregunta. Conozco un cuento que te ayudará a entender la importancia de ser ordenado y responsable.

Tristán se subió rápidamente al sofá para escucharlo.

—Bueno, ¿qué tal si primero recoges todos los legos? —propuso el abuelo.

—De acuerdo —respondió el niño—. ¿Y luego me lo cuentas?

—Trato hecho —dijo su abuelo.

Don Aniceto llegó al colegio con una caja grande.

—Buenos días a todos —saludó colocando la caja en su escritorio.

—Buenos días, don Aniceto —corearon los alumnos.

—¿Pasaron un buen fin de semana?

—Sí —respondieron los chiquisaurios asintiendo con la cabeza.

—Disculpe, profesor, ¿qué hay en la caja? —preguntó Dina.

—Una sorpresa. Resulta que esta semana vamos a concentrarnos en tener buenos modales y ser responsables, limpios y ordenados. He dado a sus padres una hoja para que la vayan rellenando. Cada vez que ustedes cumplan bien sus obligaciones, demuestren buenos modales y se esfuercen por ser limpios y ordenados, ellos lo anotarán. Al final de la semana, los tres alumnos que obtengan el mejor puntaje recibirán un premio.

Don Aniceto abrió la caja y sacó de ella una bolsa que contenía una pequeña carpa iglú. A continuación extrajo un juego de pinturas que venía con atril y con paleta para mezclar los colores. El tercer premio era un kit para armar un carrito.

A Conrado se le iluminaron los ojos cuando vio el carrito. Siempre había querido tener uno.

Comenzó la clase. Conrado estaba distraído pensando en el carrito. Lo malo era que no se había fijado mucho en la explicación de lo que había que hacer para ganárselo.

Cuando emprendió el regreso a su casa, seguía

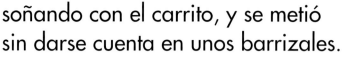

soñando con el carrito, y se metió
sin darse cuenta en unos barrizales.
Al llegar tenía los zapatos y los
pantalones cubiertas de lodo.

–Conrado, ¿dónde te metiste?
–le preguntó su mamá.

–Es sólo un poco de barro, mami –dijo
él–. Más tarde me cambio.

–Acuérdate de la hoja que me
entregó don Aniceto. No te puedo anotar
un punto si no te lavas de inmediato cuando
estás tan sucio.

–Está bien –suspiró Conrado.

Rápidamente fue a cambiarse; pero no se
limpió a fondo los zapatos, por lo que luego
dejó huellas de barro en el piso de la guarida.

Más tarde llegó su papá.

–Hola –saludó.

–Hola, cariño –contestó la mamá de
Conrado.

Pero Conrado no le devolvió el saludo; estaba
ensimismado jugando.

El papá fue a sentarse en su sillón habitual;
pero apenas se dejó caer en él, soltó un grito.

–¡Aaaaayyy!

–¿Qué te ha pasado, querido?
–preguntó la mamá.

–Había algo en el sillón –respondió el papá.
En efecto, al mirar descubrió unos juguetitos

24

puntiagudos con los que Conrado había estado jugando y que se había olvidado de guardar.

La mamá de Conrado movió tristemente la cabeza.

Los días fueron pasando. Conrado no conseguía mantener su ropa limpia. Después de jugar con sus camioncitos en el barro, no les lavó las ruedas, y al endurecerse el barro, dejaron de funcionar. Su cuarto estaba todo patas arriba, con los juguetes desparramados por el suelo. Además, no era diligente con las tareas que le encargaban.

—¡¿Qué es esto, Conrado! —exclamó don Aniceto cuando Conrado llegó al colegio el siguiente lunes.

Conrado estaba hecho un desastre. Camino del colegio se había puesto a perseguir una mariposa y se había rasgado el pantalón en una cerca. Luego se había manchado la ropa al cruzar corriendo un charco, y encima había llegado tarde.

El profesor ya había repartido los premios. Yago se había ganado la carpa iglú, Pompita el juego de pinturas, y Viviana el carrito.

Conrado bajó la vista apenado. Fue entonces cuando se dio cuenta de lo sucia que tenía la ropa.

Soy responsable

Tengo buenos modales

Soy limpio y ordenado

—Lo siento, don Aniceto. Yo tenía muchas ganas de conseguir el carrito, pero creo que debo aprender a ser más ordenado y tener mejores modales.

Conrado regresó a su casa un poco triste.

—No me gané ningún premio en el colegio —explicó cuando su mamá le preguntó qué le pasaba.

—Bueno, Conrado, no pude anotarte ningún punto en la hoja —le dijo su mamá—. Procuré recordarte que recogieras tus cosas, pero tú no me hacías caso.

—Es que, mamá, ¡es muy difícil ser limpio y ordenado! —protestó Conrado.

—Sé que es difícil, pero todos los niños lo tienen que aprender; y con la práctica se vuelve más fácil —lo animó su mamá—. Podemos rezar juntos y pedirle a Dios que te ayude a ser más responsable y a tener mejores modales.

»Tengo una idea. ¿Por qué no seguimos anotando puntos en una hoja como la que preparó don Aniceto?

Probemos cómo te va en las próximas semanas».

—¡De acuerdo! —contestó Conrado.

En las semanas que siguieron Conrado se esforzó por ser limpio y ordenado. Al principio le costaba; pero a medida que fue acostumbrándose a hacer las tareas que le encargaban, a guardar sus cosas y a mantenerse limpio, se le hizo más fácil. Y una noche su papá le trajo un carrito igual al que se había ganado Viviana y se lo dio como premio por haber estado cumpliendo sus obligaciones y haber tenido buenos modales.

¡Conrado estaba feliz! Y de ahí en adelante se destacó por sus buenos modales, su diligencia y su aseo personal.

—Abuelito, voy a procurar ser más limpio y ordenado —dijo Tristán.

—¡Genial! —contestó su abuelo—. Seguro que tu mamá se pondrá muy contenta.

—Voy a subir a recoger mi cuarto. Así cuando venga mamá se llevará la sorpresa de encontrarlo limpio y ordenado —exclamó.

Moraleja:

Si los demás ven que eres responsable y que cuidas bien las cosas que se te han dado, es probable que quieran confiarte más cosas, pues sabrán que las tratarás bien.

Por insistir en no dormir

—Tristán, en cinco minutos será hora de acostarse —dijo el abuelo Diego asomando la cabeza por la puerta del cuarto de su nieto.

—¿Me tengo que ir a la cama ya? —preguntó el niño.

—Dormir te hace bien —le explicó el anciano—. Te mantiene saludable. Además te permite crecer y te da energías para el día siguiente.

—¿No puedo leer un rato más? —imploró el pequeño.

—¿Qué te parece si te cuento mejor lo que le ocurrió a Yago una vez que no descansó bien?

—De acuerdo —respondió Tristán guardando el libro y disponiéndose a escuchar a su abuelo.

—Mañana vamos de excursión a la montaña —anunció don Aniceto.

—¡Yupi! —corearon emocionados todos los alumnos.

—Es muy importante que esta noche todos descansen bien —prosiguió el profesor—. Partiremos temprano, y tienen que llenarse de energías para la caminata.

Cuando volvían a su casa, Yago y sus amigos fueron hablando de la excursión.

—¡Voy a pasarme toda la noche despierto! —exclamó Yago—. Así seré el primero que estará listo.

—¡Qué tontería! —dijo Pompita.

—Si no duermes, mañana estarás muy cansado —le advirtió Patricio.

—¡Qué va! —contestó Yago—. Ya verás.

Aquella noche, cuando todos los dinosaurios se acostaron, Yago se esforzó por permanecer despierto. Se quedó leyendo todo el tiempo que pudo. Luego se paseó silenciosamente por la guarida mientras su familia dormía. También se preparó algo de comer, se dijo cuentos a sí mismo y hasta intentó contar *todas* las estrellas del cielo, aunque siempre se confundía y tenía que volver a empezar.

«Les demostraré a mis amigos que puedo pasarme toda la noche despierto —se dijo—. ¡Mañana estaré estupendamente, y mejor preparado que ellos para la excursión!»

Al clarear, Yago saltó de la cama y se apresuró a alistar sus cosas.

—Buenos días, Yago —lo saludó su madre—. Tan temprano y ya estás despierto. ¿Dormiste bien?

36

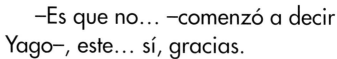

—Es que no… –comenzó a decir Yago–, este… sí, gracias.

—Por lo que nos ha dicho don Aniceto, la caminata de hoy va a ser bastante larga –comentó su madre–. Me alegro de que hayas descansado bien.

—Estaba listo antes que ustedes –se jactó Yago al ver a sus amigos–, ¡y me pasé toda la noche despierto!

—Te vas a cansar –sentenció Pompita.

—¡No creo! –respondió Yago.

Una vez reunidos los excursionistas, don Aniceto estableció algunas reglas. Luego hizo una oración para que Dios los protegiera. Después de eso, partieron.

Al principio Yago iba a la cabeza. Sin embargo, con el transcurrir de la mañana comenzó a quedarse atrás. La senda fue poniéndose cada vez más empinada, y Yago con frecuencia bostezaba y se quedaba sin aliento.

—¿Te pasa algo? –le preguntó Pompita al ver que iba rezagado–. ¿Estás cansado?

—¡Para nada! –mintió Yago–. Me quedo atrás para ver mejor los árboles y fijarme en cosas que a los otros se les pasan por alto.

—Yo me alegro de haber dormido bien anoche, porque estoy llena de energías para esta caminata —dijo Pompita.

Yago no contestó. Sentía las piernas cada vez más pesadas. Mientras más subían, más frío tenía. Aunque se puso los dos suéteres que llevaba, no consiguió entrar en calor.

—¿Dónde está Yago? —preguntó don Aniceto al poco rato.

Todos miraron hacia atrás. No se le veía por ninguna parte.

—Será mejor que lo busquemos —decidió don Aniceto—. ¡Espero que no se haya perdido!

Al cabo de unos minutos lo encontraron acurrucado al pie de un árbol grande. Estaba tiritando, y los ojos se le cerraban por el cansancio.

—Yago, ¿te encuentras bien? —preguntó el profesor.

Yago bostezó. El labio inferior le temblaba. Cuando trató de ponerse en pie, las piernas no le respondieron. Estaba exhausto, y no podía seguir.

—Vaya, parece que vamos a tener que dar la vuelta —dijo don Aniceto.

—Pero, profesor, aún no hemos llegado a la cima —protestó Patricio.

—Ya lo sé. Pero no creo que Yago pueda continuar. Tendremos que regresar. Tal vez en otra oportunidad lo volvamos a intentar.

Decepcionados, los excursionistas emprendieron el descenso. Don Aniceto tuvo que llevar a cuestas a Yago, pues estaba muy débil para caminar.

Yago tuvo que estar varios días en cama. Pilló un catarro bien feo porque se enfrió cuando estaba cansado y débil.

—Creo que Patricio y Pompita están enojados conmigo —le confió una noche a su mamá cuando ella lo fue a ver a su habitación.

—¿Por qué? —preguntó ella.

—Porque les eché a perder la caminata. Verás, yo... te mentí cuando te dije que había dormido bien la noche anterior. En realidad me pasé *toda* la noche en vela. Pensé que así estaría mejor preparado para la excursión...

—Bueno, eso explica por qué terminaste tan cansado y te enfermaste —observó su madre—. A tu cuerpo le faltaron energías para caminar tanto. Ni siquiera

pudo mantener su temperatura normal, y te resfriaste.

–Lo siento mucho –reconoció Yago con lágrimas en los ojos–. Si hubiera sabido que iba a pasar esto, no me habría quedado toda la noche despierto. Habría dormido bien.

–Claro, pero a veces conviene obedecer a los mayores aunque no entiendas lo que te mandan hacer. Cuando Yago se recuperó y volvió a ir al colegio, le pidió permiso a don Aniceto para dirigirse a toda la clase.

–Siento mucho que se tuviera que interrumpir la excursión por culpa mía –comenzó diciendo–. Resulta que decidí no dormir la noche anterior porque pensé que así estaría mejor preparado. Pero me equivoqué. Terminé enfermándome, y nadie pudo llegar a la cima. También les pido perdón por no haber dicho la verdad.

–Gracias por pedir disculpas a toda la clase, Yago –dijo el profesor–. Te perdonamos. Estoy seguro de que cada uno podrá sacar una buena enseñanza de lo ocurrido.

Un par de semanas más tarde, don Aniceto anunció que iban a subir otra vez a la montaña y les recordó a todos que descansaran bien.

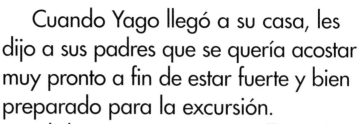

Cuando Yago llegó a su casa, les dijo a sus padres que se quería acostar muy pronto a fin de estar fuerte y bien preparado para la excursión.

Al día siguiente se sentía lleno de energías, y no se cansó. El grupo llegó hasta la cima y regresó sin contratiempos.

—Si yo fuera a subir a una montaña, descansaría súper bien la noche anterior —dijo Tristán.

—Estupendo —respondió su abuelo—. Pero ¿sabes una cosa? Es importante que descanses bien *todos* los días.

—¿Por qué?

—Porque mientras duermes tu cuerpo se fortalece —explicó el anciano—. El sueño y el descanso te dan energías para el día siguiente. Si duermes poco, tu cuerpo se debilita, y es más fácil que te enfermes.

—No me gusta estar malito —dijo Tristán—. Será mejor que me duerma.

—Muy buena idea.

Moraleja:

Para gozar de buena salud
tu cuerpo requiere ciertos
cuidados. Si duermes bien
y comes bien serás menos
propenso a las enfermedades.

Dina y sus conchas marinas

Era el cumpleaños de Tristán, y sus papás le habían regalado una carpa. Como Tristán tenía muchas ganas de estrenarla, el abuelo Diego le propuso que invitara a algunos amigos para acampar en el jardín. La idea le encantó, así que invitó a Tomás, a Chantal y a Damián.

Al rato llegaron sus compañeros. Trajeron una carpa más, bolsas de dormir, linternas, comida y algunos libros. Entre todos, con la ayuda del abuelo, armaron las carpas.

Tomás se fijó en la linterna grande que había traído Chantal. Le pareció mucho más bonita que la suya y se le ocurrió probarla para ver qué tal funcionaba. La encendió y apagó un par de veces, pero como aún era de día, no pudo apreciar si daba mucha luz.

«Um... ¡ya sé! —pensó—. Dentro del saco de dormir estará más oscuro».

Se metió en la bolsa de dormir de Chantal y se puso a prender y apagar la linterna.

Cuando Chantal, que había estado jugando en el jardín, se acercó a la carpa, observó una luz que se encendía y apagaba dentro de su saco de dormir.

—¿Qué haces aquí? —le preguntó enojada a Tomás—. ¿Quién te ha dado permiso para jugar con mi linterna?

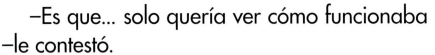

—Es que... solo quería ver cómo funcionaba —le contestó.

La niña se acercó furiosa para quitársela; pero en ese momento notó que la luz comenzaba a desvanecerse. ¡Las pilas se habían agotado!

Chantal se echó a llorar.

—Voy a tomar tus pilas ahora mismo —le dijo a Tomás.

Se inclinó para agarrar la linterna del niño, pero él se le adelantó: tomó su propia linterna y se alejó corriendo.

Chantal fue donde el abuelo Diego y le explicó lo que había hecho Tomás.

—Lamento lo de las pilas, y no me parece bien lo que hizo Tomás —dijo el anciano—. Pero enfadarse no es la mejor solución. Es importante resolver los conflictos con amor. ¿Qué tal si les cuento un incidente parecido que ocurrió entre Pompita y Dina?

A Dina le encantaba pintar, ¡sobre todo flores y mariposas con colores vivos! Además de pintar en papel, pintaba en hojas grandes de plantas, en pedazos de corteza de árbol y en trocitos de plástico transparente para hacer vitrales.

Don Aniceto había pedido a sus alumnos que trajeran a clase algo que ellos hubieran hecho.

Dina llevó algunas de sus mejores pinturas, Pompita unas barras de jabón de diversos colores, y Yago una casita que había armado con fósforos. Todos se turnaron para presentar ante los demás sus creaciones artísticas.

Cuando Dina salía de la clase, se fijó en las pastillas de jabón de Pompita. De pronto se le ocurrió una idea: «¡Podría pintar y decorar una para mi mamá!»

De modo que cuando nadie miraba, tomó una de las barras de jabón sin pedirle permiso a Pompita.

—¡Dina, me *robaste* una pastilla de jabón! —exclamó Pompita al descubrir a su amiga pintando y decorando el jabón.

Al verla a su lado, Dina se sorprendió. No sabía que Pompita había venido de visita. Rápidamente quiso esconder el jabón.

—¡Así que fuiste tú la que tomó mi barra de jabón! Y ahora me la estás estropeando.

—No la estoy estropeando. La estoy decorando.

—Devuélvemela —exigió Pompita.

Dina meneó la cabeza para indicar que no quería.

—Me ha costado mucho trabajo decorarla y pintarla y se la pienso regalar a mi mamá.

Pompita estaba muy enojada. Entonces puso los ojos en una bolsa donde Dina guardaba las conchas marinas que estaba coleccionando. Aprovechando un momento en que su amiga no miraba, la tomó y salió de la guarida enseguida.

«Será mejor que las esconda», se dijo. Se las puso en el bolsillo y partió hacia su casa a toda prisa.

Al llegar a su guarida, se dirigió a su habitación para buscar un lugar donde esconderlas. ¡De pronto oyó la voz de su madre! Rápidamente colocó la bolsa debajo de la colcha; pero como quedaba un bulto en la cama, se sentó encima de las conchas justo antes de que su mamá entrara.

Al instante se dio cuenta de que había cometido un grave error.

¡Cras!

—¿Has visto a tu hermano? —le preguntó su mamá.

Pompita lo negó con la cabeza.

—Bueno, si lo ves dile que tiene que terminar sus tareas.

Al irse su mamá, Pompita miró cuidadosamente dentro de la bolsa y vio que había varias conchas rotas. «¡Ay! ¿Qué voy a hacer? –pensó–. Dina se pondrá furiosa conmigo».

Pero luego se dijo: «Dina me quitó una pastilla de jabón sin pedirme permiso, así que se merece que se le hayan partido algunas conchas».

Pasaron algunas horas. Cuanto más reflexionaba Pompita sobre las conchas, peor se sentía. «Quizá debería confesárselo a Dina», se decía. Pero cada vez que le venía ese pensamiento, lo rechazaba.

Aquella noche, cuando su mamá fue a darle un besito de buenas noches, Pompita se sentía muy triste.

–¿Qué te pasa, cariño? –preguntó su mamá.

Pompita le relató lo que había ocurrido con las conchas de Dina.

–No sé qué hacer –reconoció sollozando.

–Lo mejor es siempre decir la verdad –le contestó su mamá–. Lo más probable es que Dina se moleste; pero de todos modos es bueno que se lo cuentes. Aunque estabas enojada con ella porque te había quitado una pastilla de jabón, no debiste haberte llevado las conchas. Con eso complicaste la situación.

Pompita abrazó a su mamá.

—Mañana le explicaré lo que pasó con las conchas.

—Dina, ayer, sin que te dieras cuenta, tomé las conchas que tenías en tu cuarto —comenzó diciendo Pompita—. Estaba enfadada contigo por haberme quitado la barra de jabón y quería fastidiarte.

—¿Te llevaste mis conchas? —preguntó Dina enojada, agarrando la bolsa de conchas que le entregó su amiga.

—Sí, y lamento mucho haber roto algunas sin querer.

Dina miró dentro de la bolsa y se echó a llorar al ver que algunas conchas estaban quebradas.

—Pompita, algunas de estas eran mis preferidas —le espetó.

—Lo siento mucho —contestó Pompita.

Dina recapacitó sobre su actitud.

—También yo debería estar arrepentida —reconoció—. Debí haberte pedido permiso antes de tomar la pastilla de jabón en vez de pensar sólo en mí misma y en lo que yo quería.

—Te perdono —dijo su amiga—. Quédate con la barra de jabón, y si quieres te regalo otra.

—Muchas gracias. Se me ocurre algo que podemos hacer con estas conchas rotas: decorar una caja pegando por fuera los pedacitos. Será un recordatorio de la amistad que nos une.

Las dos se abrazaron y se fueron felices a buscar lo que les hacía falta para preparar la cajita.

—Siento haberte gastado las pilas —dijo Tomás a Chantal—. Si quieres te dejo mi linterna.

—Te perdono —contestó la niña—. Yo siento haberme enojado contigo.

—Eso está mucho mejor —comentó el abuelo Diego—. ¿Sabes, Chantal? Creo que tengo por ahí unas pilas que te puedo dar.

—¿En serio?

—Sí. Pero acuérdense de encender la linterna solo cuando haga falta. Así las pilas duran mucho más.

—Gracias por ayudarnos a hacer las paces —le dijo Chantal al abuelo.

—Y gracias por el cuento —añadió Tomás.

Moraleja: Piensa en el efecto que tiene en los demás lo que haces. Trátalos como te gustaría que te trataran a ti. Si siembras felicidad, tú también serás feliz.

Modales señoriales

Era la hora de la cena. Tenedor y cuchara en mano, Tristán había hecho una montañita con su puré de papas. A continuación tomó dos arvejas y las situó encima.

—A sus marcas, listos... ¡ya! —exclamó, y las dejó caer rodando por la ladera de la montañita para ver cuál llegaba antes abajo.

—Tristán, te advierto por última vez —dijo su madre—. No es de buenos modales jugar con la comida.

En efecto, Tristán llevaba un buen rato en que no hacía más que eso. Todos ya habían terminado y se habían levantado de la mesa. Alrededor de su plato había mucha comida que se le había derramado o que él había tirado. Tenía las manos sucias y pegajosas.

En ese momento apareció su abuelo.

—¡Vaya, vaya, Tristán, si casi es hora de que te acuestes! ¿Cómo es que todavía estás comiendo?

—Me está costando cenar, abuelito —respondió el niño—. ¡Comer toma tanto tiempo!

—Desde luego toma mucho cuando te pones a jugar con la comida. Cuando uno tiene buenos modales y no juguetea con la comida, no tarda tanto. Tristán, ¿conoces el cuento de *Modales señoriales*?

–No –contestó su nieto.

–Creo que es el cuento ideal para hoy –dijo el anciano pensativo–. Pero primero vas a tener que terminarte la comida.

El pequeño se sentó bien derecho, retiró los codos de la mesa y se llevó a la boca una buena cucharada de puré de papas y arvejas.

–¡Muy bien! –exclamó su abuelo–. Con cucharadas así, vas a terminar enseguida. Veamos... *Modales señoriales.*

A Viviana le costaba mucho estarse quieta durante las comidas y portarse bien. Por mucho que su madre insistía en que no se moviera tanto y comiera como es debido, ella se olvidaba: se revolvía en la silla, se apoyaba en los codos, masticaba con la boca abierta, se levantaba de la mesa sin pedir permiso y, cuando el menú no le gustaba mucho, se demoraba una eternidad en comer. Prácticamente en cada comida se manchaba la ropa y dejaba la mesa y el suelo hechos un desastre.

Su madre le recordaba con frecuencia las reglas de urbanidad, y Viviana le decía que quería comportarse; pero cuando llegaba la siguiente comida ya se le había olvidado lo que le había dicho su mamá.

Una noche, antes de la cena, su mamá anunció que tenía algo especial para ella y le entregó un sobre. Viviana lo abrió y sacó una invitación escrita con letra muy bella:

Estimada doña Viviana:
Es para nosotros un gran placer invitarla al banquete anual que se celebrará en nuestra residencia dentro de dos semanas a partir de la fecha de hoy, a las 4 de la tarde. Esperamos contar con su presencia.

Atentamente,
Los condes de Modales

–Mamá, ¿quiénes son los condes de Modales? –preguntó Viviana.

–Unos amigos nuestros –dijo su madre– a quienes conocerás en el banquete. Será una recepción por todo lo alto exclusivamente para personas que tengan excelentes modales en la mesa.

–Entonces quizá no es para mí –suspiró Viviana.

–¡Puedes verlo como una magnífica oportunidad de aprender a tener buenos modales! Tienes dos semanas para prepararte.

Estimada doña Viviana:
Es para nosotros un gran placer invitarla al banquete anual que se celebrará en nuestra residencia dentro de dos semanas a partir de la fecha de hoy, a las 4 de la tarde. Esperamos contar con su presencia.

Atentamente,
Los condes de Modales

Con eso se animó. Juntas hicieron una lista de los aspectos en que debía mejorar. Viviana estaba tan deseosa de causar buena impresión con su cortesía y su buena educación que se esforzó mucho en cada comida. Pronto comenzó a disfrutar más de las comidas en familia. Cuando llegó el día del banquete, estaba lista.

—Buenas noches, doña Viviana —dijo el mayordomo al recibirla en la puerta de la mansión—. Es un placer tenerla con nosotros.

—El placer es mío —contestó Viviana.

Al entrar en la sala, miró a su alrededor y vio a muchos de sus amigos. Se fijó en Dina y Pompita en el otro extremo y estaba a punto de llamarlas cuando pensó: «¡Uy, no debería hacerlo! Mamá me enseñó que es de mala educación gritar en sitios así».

Se acercó a sus amigos, y todos contaron que habían recibido una invitación y habían procurado acostumbrarse a tener buenos modales.

—¿Saben quiénes son los condes de Modales? —preguntó Conrado.

—Mi mamá dice que son unos amigos —respondió Viviana.

Nadie parecía saber nada más de los condes, pero todos estaban ansiosos por conocerlos.

De pronto sonó una campanilla, y el mayordomo anunció que se iba a dar inicio a la cena. Pasaron al comedor, donde se encontraron con una mesa muy larga espléndidamente servida. Cada sitio de la mesa había sido dispuesto con esmero; en cada uno el plato, la servilleta y los cubiertos eran de un mismo color, pero distinto de los demás. Junto a cada plato había una tarjeta con un nombre.

Viviana vio la tarjeta con su nombre y se disponía a sentarse cuando se fijó en otro sitio donde el plato, la servilleta y los cubiertos eran de su color favorito.

–¡Quiero sentarme ahí! –exclamó Viviana con tono de exigencia.

–Pero este es mi sitio –replicó Dina–. Mira mi nombre.

Viviana tomó la tarjeta que decía *Dina* y la cambió por la suya.

–No te pongas pesada, Viviana. Este es el sitio que han preparado para mí. El tuyo es ése.

Pero Viviana estaba resuelta a sentarse en el sitio de Dina. Justo cuando su amiga se iba a sentar, le retiró la silla, y Dina se dio un golpazo contra el suelo.

–¡Ay! –gritó.

Se hizo silencio en el comedor. Todo el mundo clavó la vista en Viviana.

«¡Caramba! Todos me están mirando», pensó.

Entonces le empezó a pesar lo que había hecho.

—Lo siento, Dina —se disculpó—. Estamos aquí porque hemos aprendido a ser amables y bien educadas. Pero lo que acabo de hacer fue muy feo.

—Está bien —respondió su amiga—, te perdono.

En ese momento los condes de Modales ingresaron al comedor y se sentaron a la cabecera de la mesa.

—¡Bienvenidos, amigos! —anunció el conde—. Nos alegramos de que hayan venido. Este banquete es en reconocimiento a sus esfuerzos por tener buenos modales.

—La cortesía y la buena educación tienen mucha importancia —añadió la condesa—. Es un gusto para nosotros disfrutar con ustedes de esta velada.

Se dio entonces inicio a la cena. Todos demostraron los mejores modales de su vida.

—¿No te suena de algo la cara de los condes? —le preguntó Yago a Viviana—. Yo diría que él se parece mucho a don Aniceto.

Viviana fijó los ojos en ellos. El conde le devolvió la mirada y le guiñó un ojo. Efectivamente eran don Aniceto y su esposa.

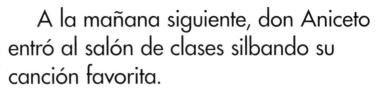

A la mañana siguiente, don Aniceto entró al salón de clases silbando su canción favorita.

—Buenos días, señor conde —corearon alegremente los alumnos.

—¡Ajá, veo que descubrieron el secreto! —comentó don Aniceto riéndose—. ¿La pasaron bien anoche?

—¡Sí! —respondieron los alumnos.

—Don Aniceto, ¿es verdad que es usted un conde? —preguntó Viviana.

—En realidad no —reconoció el profesor—; pero como sabía que todos se habían esforzado mucho por mejorar sus modales, quería darles un premio. Así que con la ayuda de sus padres y de mi esposa planeé el banquete de anoche.

—¡Fue una idea estupenda, don Aniceto! —lo felicitó Dina—. ¡Muchísimas gracias!

—¡Qué divertido! —dijo Tristán al terminar el cuento—. Tal vez nosotros también podríamos preparar una cena como si fuera en una mansión señorial, e invitar a todos mis amigos.

—¡Genial! —exclamó su abuelo.

Moraleja:

Tener buenos modales es una forma de hacer felices a los demás, de manifestar amor y respeto.

La peña navideña

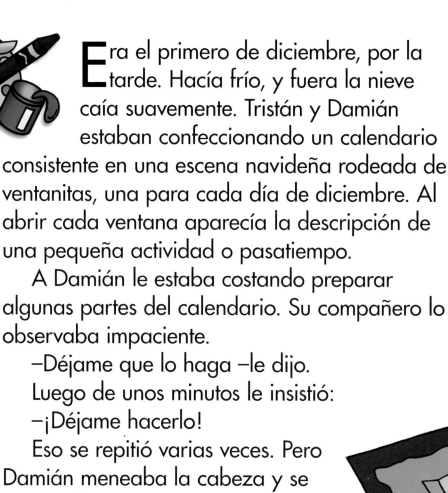

Era el primero de diciembre, por la tarde. Hacía frío, y fuera la nieve caía suavemente. Tristán y Damián estaban confeccionando un calendario consistente en una escena navideña rodeada de ventanitas, una para cada día de diciembre. Al abrir cada ventana aparecía la descripción de una pequeña actividad o pasatiempo.

A Damián le estaba costando preparar algunas partes del calendario. Su compañero lo observaba impaciente.

–Déjame que lo haga –le dijo.

Luego de unos minutos le insistió:

–¡Déjame hacerlo!

Eso se repitió varias veces. Pero Damián meneaba la cabeza y se empeñaba en seguir intentándolo.

Tristán terminó enojándose:

–¡No te está saliendo bien! –le reprochó–. Este calendario es mío. Quiero que me lo des, ¡ahora!

–Déjame terminar –contestó Damián.

–No. ¡Dámelo ya! No tenía que haberte invitado a ayudarme.

La discusión prosiguió, con los dos chicos cada vez más enfadados. Al poco rato estaban gritándose y diciéndose cosas feas.

—¡Chicos, basta! —dijo el abuelo Diego al entrar a la habitación—. Los oí pelearse cuando venía por el pasillo. Tienen que aprender a resolver sus diferencias con buenos modos. Discutiendo no se llega a ninguna parte. Sólo conseguirán enojarse aún más.

Los niños se miraron con expresión triste.

—¿Conocen el cuento de *La peña navideña*? —les preguntó el anciano.

A ambos se les iluminó el rostro.

—No —respondieron al unísono—. ¿Nos lo cuentas?

—Sí. Creo que les vendrá bien.

Cada mes de diciembre, la mamá de Dina y Patricio sacaba el baúl de Navidad. Se trataba de una caja grande con tapa en la que iba juntando a lo largo del año diversas cosas que encontraba, para que con ellas sus hijos hicieran manualidades y adornos navideños. Este año la caja estaba excepcionalmente llena de todo tipo de objetos interesantes.

Los dos hermanos habían invitado a sus amigos. Cuando estuvieron todos, Patricio levantó la tapa. Enseguida Dina sacó un pedazo de cinta colorida.

—¡Qué bonita! —exclamó Pompita.

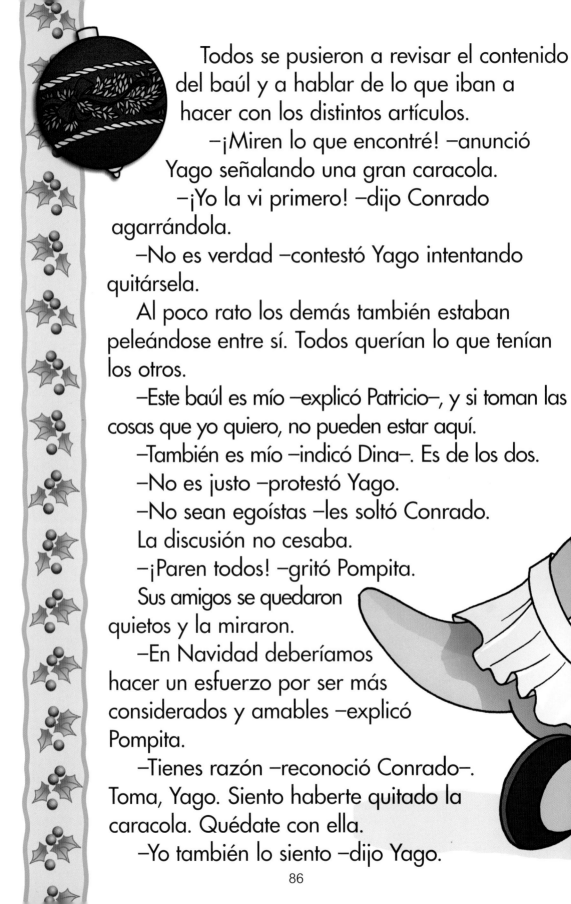

Todos se pusieron a revisar el contenido del baúl y a hablar de lo que iban a hacer con los distintos artículos.

—¡Miren lo que encontré! —anunció Yago señalando una gran caracola.

—¡Yo la vi primero! —dijo Conrado agarrándola.

—No es verdad —contestó Yago intentando quitársela.

Al poco rato los demás también estaban peleándose entre sí. Todos querían lo que tenían los otros.

—Este baúl es mío —explicó Patricio—, y si toman las cosas que yo quiero, no pueden estar aquí.

—También es mío —indicó Dina—. Es de los dos.

—No es justo —protestó Yago.

—No sean egoístas —les soltó Conrado.

La discusión no cesaba.

—¡Paren todos! —gritó Pompita.

Sus amigos se quedaron quietos y la miraron.

—En Navidad deberíamos hacer un esfuerzo por ser más considerados y amables —explicó Pompita.

—Tienes razón —reconoció Conrado—. Toma, Yago. Siento haberte quitado la caracola. Quédate con ella.

—Yo también lo siento —dijo Yago.

–Yo también –admitieron los demás.

–Tengo una idea –anunció Pompita–. Reunámoslo todo y prepararemos juntos cosas bonitas para otras personas.

–Podemos decorar nuestra sala de clases y darles una sorpresa a los demás –propuso Yago.

–Y hacer una guirnalda para don Aniceto –mencionó Viviana.

–Y preparar adornos para el árbol de Navidad del pueblo –sugirió Patricio.

–Y regalos para nuestros amigos –añadió Dina.

–Después podemos repartirlos con los carritos que tenemos Viviana y yo –dijo Conrado.

–Todas estas ideas son estupendas –comentó Pompita–, y si lo hacemos juntos no hay por qué discutir sobre si tal cosa es para uno o para otro.

Pompita consiguió lápiz y papel, y entre todos acordaron un plan.

Decidieron que Viviana y Patricio confeccionarían la guirnalda para don Aniceto, que Dina y Yago decorarían el salón de clases y que Conrado y Pompita se encargarían de los adornos para el árbol de Navidad del pueblo. Si terminaban eso y aún les quedaba tiempo, verían a quién más le harían regalos.

–Esta cadena de luces puede ser para el aula –dijo Yago.

—Es que teníamos pensado ponerlas en la guirnalda de don Aniceto —argumentó Patricio, extendiendo la mano para agarrarlas.

—Son demasiadas para la guirnalda —intervino Dina—. Quedarán mucho mejor en la clase.

—¡Dina...! —exclamó Patricio comenzando a enojarse.

Pero se quedó un momento callado.

—Uy, casi me enfado contigo otra vez; pero no quiero hacerlo. Tómalas tú. En realidad son muchas para la guirnalda. Busquemos otra cosa.

—Gracias, Patricio —dijo su hermana—. En la guirnalda puedes poner estas campanitas.

—¡Perfecto! —contestó Patricio—, mucho mejor que las luces.

En las semanas previas a la Navidad, la peña de amigos dedicó su tiempo libre a preparar regalos y adornos para sus familiares y compañeros.

Trabajaron ilusionados hasta hacer realidad todos sus planes, aprovechando hasta la última cosita que había en el baúl de Navidad.

Para repartir los regalos, los cargaron en los carritos de Viviana y Conrado. Sus compañeros y parientes se pusieron muy contentos cuando se los llevaron. Los seis amigos nunca lo habían

pasado tan bien en Navidad. Todo porque pensaron más en los demás que en sí mismos.

—Abuelito, ¿por qué dicen siempre que en Navidad hay que ser generoso? —preguntó Tristán.

—¡Ajá! Buena pregunta —contestó su abuelo—. Es porque hace mucho tiempo, en Navidad, Dios nos hizo un regalo fabuloso. ¿Sabes cuál?

Tristán reflexionó un momento. Luego se le iluminó la cara.

—¡Jesús!

—Así es. Dios envió a Jesús a la Tierra pensando en cada uno de nosotros. Ese fue el regalo de Navidad que Dios nos hizo. Y cuando Jesús forma parte de nuestra vida, ¡nos sentimos mucho más felices y disfrutamos de más alegría!

—Pero ¿por qué hacemos regalos?

—Para hacer felices a los demás y demostrarles que los queremos y que pensamos en ellos.

—A mí me gusta hacer felices a las personas con detalles bonitos —dijo Tristán.

—Abuelo, ¡gracias por el cuento! Me gustó mucho.

—Me alegro —respondió el anciano.

Moralejas presentadas en
Chiquisaurios

Los cuentos de este libro exponen de forma entretenida las siguientes enseñanzas formativas:

- Todos agradecemos que nos perdonen nuestros descuidos. Perdonar es amar *(El estropicio de Patricio)*.

- Si los demás ven que eres responsable y que cuidas bien las cosas que se te han dado, es probable que quieran confiarte más cosas, pues sabrán que las tratarás bien *(Conrado el descuidado)*.

- Para gozar de buena salud tu cuerpo requiere ciertos cuidados. Si duermes bien y comes bien serás menos propenso a la enfermedades *(Por insistir en no dormir)*.

- Piensa en el efecto que tiene en los demás lo que haces. Trátalos como te gustaría que te trataran a ti. Si siembras felicidad, tú también serás feliz *(Dina y sus conchas marinas)*.

- Tener buenos modales es una forma de hacer felices a los demás, de manifestar amor y respeto *(Modales señorales)*.

- Procuremos resolver con amor y consideración los desacuerdos que tengamos con los demás. Así nos llevaremos mejor con ellos y todos seremos más felices *(La peña navideña)*.

Cuentos del abuelito

CUADRILLA y CÍA.

Pepe Volquete, Carmen Pluma, Camión Grúa, los hermanos De Hormigón y la optimista Mini forman parte de una cuadrilla de infatigables vehículos para la construcción. Cada uno de ellos, bajo la sagaz vigilancia del capataz, desempeña un importante papel en la realización de las obras.

✓ Terminar lo que se comienza

✓ Seguir instrucciones

✓ Hacer cada cosa a su tiempo

✓ Zanjar disputas

✓ Ayudar a los demás

✓ Trabajar en equipo

CHIQUISAURIOS

En la serie *Chiquisaurios* nos vemos transportados al mundo de un grupo de pequeños dinosaurios. Cuando Patricio, sin querer, pisotea el jardín de su hermana Dina, todos los amigos dan una mano para arreglar lo que se ha estropeado. Yago echa a perder una excursión por negarse a dormir, pero el incidente les reporta buenas enseñanzas. Una sorpresiva invitación a un banquete estimula a Viviana a mejorar sus modales.

✓ Consideración

✓ Buenos modales

✓ Salud

✓ Obediencia

✓ Perdón

✓ Decir la verdad

✓ Resolver desacuerdos